AN DEN
HERD
und losgekocht!

Text Shane Kluivert, Sabine Koning
Foodstyling Sabine Koning
Fotografie Mitchell van Voorbergen
Gestaltung Saskia Janssen

Für die deutsche Ausgabe:
Programmleitung Monika Schlitzer
Redaktionsleitung Martina Glöde
Projektbetreuung Susanne Menten
Herstellungsleitung Dorothee Whittaker
Herstellungskoordination Arnika Marx
Herstellung Stefanie Staat
Covergestaltung Sophie Schiela

Titel der niederländischen Originalausgabe:
Koken met Shane

© 2018 Kosmos Uitgevers, Utrecht/Antwerpen,
Teil von VBK | Medien
Konzept und Umsetzung: PR Sports & Styling/
Kosmos Uitgevers

Übersetzung Birgit van der Avoort
Lektorat Carmen Söntgerath
Satz Nadine Clemens

ISBN 978-3-8310-3744-5

Druck und Bindung Leo Paper Products, China

www.dorlingkindersley.de

Hinweis
Die Informationen und Ratschläge in diesem Buch sind
von den Autoren und vom Verlag sorgfältig erwogen und geprüft,
dennoch kann eine Garantie nicht übernommen werden.
Eine Haftung der Autoren bzw. des Verlags und seiner Beauftragten
für Personen-, Sach- und Vermögensschäden ist ausgeschlossen.

Bildnachweis
Seite 7: Rossana Kluivert, Privatfoto (ml).
Cover: Rücken: Dreamstime.com: Mikhail Kokhanchikov (go).

SHANE KLUIVERT

AN DEN
HERD
und losgekocht!

Erdbeer-Milchshake

Gemüseküchlein mit Ei

INHALT

FÜR DIE GANZE FAMILIE

Reis mit grünen Bohnen und Hähnchen

Spanische Tortilla mit gegrillter Paprika

SÜSSES

VARIANTEN

Ich bin Shane Kluivert … und ich koche für mein Leben gern. Wenn ich am Wochenende vom Fußballplatz nach Hause komme, gehe ich in die Küche, um neue Gerichte auszuprobieren.

Meine Eltern sind Niederländer, aber in meinen Adern fließt auch kapverdisches, surinamisches und karibisches Blut. Und wie meine Oma Anna immer sagt, sehr viel friesisches Blut ;-). Und das merkt man den Rezepten in diesem Buch an.

Ich finde es supercool, dass es jetzt ein richtiges Buch mit meinen Rezepten gibt, und es ist prima, dass wir damit etwas Gutes für Hunde (siehe Seite 144) tun.

**Viele Grüße
Shane**

VORWORT

Besonders als Sportler ist es wichtig, auf eine bewusste Ernährung zu achten. Sie ist die Basis, auch für eine gute Leistung auf dem Platz. Ein ausgewogenes Frühstück lässt dich gut in den Tag starten. Starke Snacks für zwischendurch sorgen dafür, aus dem Körper im richtigen Moment das Beste rauszuholen und nach einem anstrengenden Spiel müssen auch bei kleinen Kickern die Reserven wieder richtig aufgetankt werden.

Selber und mit frischen Zutaten zu kochen, ist also das Beste, was man als Sportler machen kann. Damit ernährst du dich ganz einfach gesund und ausgewogen und Spaß macht es auch noch. Keine Scheu vor Küchenchaos: Bestärken und unterstützen Sie, liebe Eltern, Ihr Kind dabei, wenn es etwas ausprobieren will – davon profitiert die ganze Familie!

Julian Draxler
Fußball-Nationalspieler

GUT ZU WISSEN

Kochen macht total viel Spaß,
aber Sicherheit und Hygiene
sind dabei sehr wichtig!

- Wasche vor dem Kochen deine Hände immer gründlich mit Seife.

- Sei vorsichtig mit Messern! Sie können ganz schön scharf sein, deshalb halte sie immer am Handgriff fest und bitte einen Erwachsenen, dir zu helfen, wenn es nötig ist. Lass das Messer nach dem Gebrauch nicht in der Küche herumliegen. Lege es am besten ins Spülbecken. Es gibt auch spezielle Kochmesser für Kinder.

- Ein Gemüsehobel ist praktisch, zum Beispiel um Möhren in dünne Scheiben zu schneiden, aber so ein Hobel ist auch echt scharf. Pass gut auf deine Finger auf und benutze am besten immer einen Fingerschutz.

- Das Gleiche gilt für Reiben. Auch hier musst du sehr gut aufpassen!

- Benutze immer Ofenhandschuhe, wenn du etwas in den Backofen stellst oder herausholst. Trage sie auch, wenn du einen heißen Topf von der Herd-platte nimmst. Vorsicht auch bei den Deckeln von Pfannen und Töpfen, denn sie können ebenfalls sehr heiß werden.

- In der Küche kann schnell was passieren, deshalb solltest du immer mit einem Erwachsenen zusam-men kochen.

- Benutze immer ein sauberes Schneidebrett und nimm für Fisch, Fleisch und Gemüse jeweils ein eigenes Brett.

- Rohes Fleisch darf nicht mit den anderen Zutaten in Berührung kommen, bevor du es in den Topf oder in die Pfanne gibst. Sonst können Krankheits-erreger übertragen werden.

KÜCHENUTENSILIEN

Um die Rezepte in diesem Buch nachzukochen, brauchst du folgende Küchengeräte:

Backpinsel

Schneebesen

Küchenhobel

Fingerschutz

Teigschaber

Mörser

Kartoffelstampfer

Kochmesser

Messbecher

Reibe

Tipp: Reiben gibt es in allen möglichen Formen, aber du kannst im Prinzip jede Reibe benutzen.

Pfanne

Sieb

Spritzbeutel mit Tüllen in verschiedenen Größen

Shane: Meine Eltern sagen immer, dass ein gutes Frühstück wichtig ist. Es gibt dir ausreichend Energie, um gut in den Tag zu starten.

FRÜHSTÜCK

Bananen

Backpulver

Honig

Zimt

Salz

Hafer-flocken

Milch

Eier

BANANEN-HAFERFLOCKEN-PFANNKUCHEN

Pfannkuchen zum Frühstück schmecken superlecker, aber ich möchte morgens nicht so lange in der Küche stehen. Diese kleinen Bananen-Haferflocken-Pfannkuchen sind gesund und ganz schnell gebacken.

Zutaten:

- 150 g Haferflocken
- 2 TL Backpulver
- 1 Prise Salz
- 2 EL gemahlener Zimt
- 2 kleine Bananen (oder 1 große)
- 2 Eier
- 2 EL Honig
- 100 ml Milch
- Butter zum Braten

Du brauchst:

- Mixer
- Rührschüssel
- Teigschaber
- Pfanne

1

Gib die Haferflocken in den Mixer.

2

Zerkleinere die Haferflocken im Mixer, bis sie fast so fein wie Mehl sind.

3

Mische Backpulver, Salz und Zimt unter.

4

Schäle die Bananen, gib sie in eine Rührschüssel und zerdrücke sie mit einer Gabel. Nimm einen Teigschaber und mische Ei und Honig gründlich unter.

5

Gib die zerkleinerten Haferflocken aus dem Mixer und die Milch dazu.

6

Verrühre alles zu einem glatten Teig. Zerlasse etwas Butter in einer Pfanne und backe die kleinen Pfannkuchen darin von beiden Seiten goldbraun.

Tipp: Mit frischen Früchten und Ahornsirup schmecken die Pfannkuchen noch besser. Ein Glas Milch passt gut dazu.

Zuckerbrot
(oder Weißbrot)

Eier

Beeren

Zimt

Milch

Puderzucker

ARME RITTER
MIT FRISCHEN BEEREN

Wenn meine Oma mich besucht, bringt sie aus Friesland immer Zuckerbrot mit.
Das ist ein süßes Brot mit Kandisstückchen. Ich mag Arme Ritter mit Zuckerbrot
am allerliebsten, aber ihr könnt auch jedes andere Weißbrot nehmen.

Für
4
Personen

Zubereitung
10
Minuten

Zutaten:

- ½ l Milch
- 4 Eier
- 2 EL gemahlener Zimt
- 1 Weißbrot
- Butter zum Braten
- Puderzucker
- frische Beeren, z. B. Erdbeeren, Johannisbeeren, Heidelbeeren und Himbeeren

Du brauchst:

- Rührschüssel
- Schneebesen
- Pfanne

1

Gieße die Milch in eine Rührschüssel. Schlage die Eier hinein, gib den Zimt dazu und verquirle alles mit dem Schneebesen.

2

Schneide das Brot in etwa 1,5 cm dicke Scheiben. Wende sie in der Eiermilch, bis das Brot schön durchtränkt ist.

3

Erhitze etwas Butter in einer Pfanne. Brate die Brotscheiben von beiden Seiten 3 Minuten, bis sie goldbraun sind. Verteile die Armen Ritter auf Teller und bestreue sie mit Puderzucker. Dazu gibt es die frischen Beeren.

Tipp: Beeren mag ich gern. Du kannst die Früchte aber ganz nach deinem Geschmack wählen.

Tipp: Alle lieben Muffins. Hier nun eine Superidee, damit sie nicht nur lecker, sondern auch noch gesund sind.

Haferflocken

Mehl

Apfelmus

Honig

Salz

Zimt

Backpulver

Eier

Sonnenblumenöl

Sojamilch

FRÜHSTÜCKSMUFFINS
MIT HAFERFLOCKEN

Genau das Richtige für ein Sonntagsfrühstück!
Wenn du magst, kannst du noch klein geschnittenes frisches Obst
unter den Teig rühren. Dann werden die Muffins etwas süßer.

Zutaten:

- 100 g Haferflocken
- 100 g Mehl
- 1 TL Backpulver
- ½ EL gemahlener Zimt
- 1 Prise Salz
- 2 Eier
- 125 g Apfelmus
- 100 ml Sojamilch
- 2 EL Sonnenblumen-öl und etwas Öl für das Blech
- 2 EL Honig

Du brauchst:

- Muffinblech mit 6 Vertiefungen
- Backpinsel
- Rührschüssel
- Teigschaber

1 Heize den Backofen auf 180 °C vor. Pinsle das Muffinblech mit Öl ein.

Gib alle Zutaten in eine Schüssel. Nimm einen Teigschaber, um alles gründlich zu verrühren.

2 Fülle den Teig in die Vertiefungen des Muffinblechs. Schiebe das Blech im vorgeheizten Backofen auf der mittleren Schiene ein und backe die Muffins 25-30 Minuten.

Kleine
Bratwürste

Croissantteig

Käse

Eier

CROISSANTS
MIT WÜRSTCHEN UND EI

Die Croissants sind bei uns am Frühstückstisch immer zuerst weg.
Diese hier mit Würstchen schmecken wirklich superlecker!

Für
6
Stück

Zubereitung
25
Minuten

Zutaten:

- 6 kleine Bratwürste
- 3 Eier
- 1 Dose Croissant-
  teig (aus dem
  Kühlregal)
- 6 Scheiben Käse

Du brauchst:

- Backblech
- Backpapier
- Rührschüssel
- Pfanne
- Kochlöffel

1

Heize den Back-
ofen auf 180 °C
vor. Lege ein
Backblech mit
Backpapier aus.

2

Brate die Würst-
chen in einer
Pfanne ohne Fett
etwa 5 Minuten.
Sie sollten innen
noch nicht ganz
durchgebraten
sein. Nimm die
Würstchen heraus
und lass die Pfanne
auf dem Herd.

3

Schlage die Eier in
eine Rührschüssel
auf und verquirle
sie mit einer Gabel.

4

Gieße die verquirlten Eier in die Pfanne und lass sie bei schwacher Hitze kurz stocken. Schiebe sie dabei mit einem Kochlöffel immer wieder vom Rand zur Mitte. Das Rührei sollte noch cremig sein.

5

Nimm den Croissant-teig aus der Verpackung und lege die Stücke auf der Arbeitsfläche aus. Gib auf jedes Teigstück 1 Scheibe Käse, 1 ge-bratenes Würstchen und 1 Esslöffel Rührei.

6

Rolle die Croissants vor-sichtig auf und verteile sie auf dem Backblech. Schiebe sie im vorge-heizten Backofen auf die mittlere Schiene und backe sie 12–15 Minu-ten. Dann ist der Teig goldbraun und der Käse geschmolzen.

Tipp: Ich nehme am liebsten Bio-Würstchen, die ich frisch beim Metzger kaufe. Damit schmecken die Croissants am allerbesten.

GRÜNER SMOOTHIE
MIT MANGO

Mein Vater macht gern Smoothies mit ganz viel Gemüse. Ich habe entdeckt, dass sie noch viel besser schmecken, wenn man eine Banane oder eine Mango mit dazugibt – fast wie ein Milchshake.

Milch

Banane

Mango

Spinat

Apfel

Für
2
Gläser

Zubereitung
5
Minuten

Zutaten:
- 2 Handvoll frischer Blattspinat
- 1 Banane
- 1 Apfel
- 1 Mango
- 400 ml Milch oder Sojamilch

Du brauchst:
- Mixer

1 Wasche den Spinat und lass ihn abtropfen. Schäle die Früchte und schneide sie in grobe Stücke.

2 Gib Früchte und Spinat mit der Milch in den Mixer.

3 Alles mixen, bis ein glatter grüner Smoothie entstanden ist. Am besten trinkst du ihn sofort.

Tipp: Wenn du die Früchte vor der Zubereitung ins Tiefkühlfach legst, wird der Smoothie schön kalt.

Eier

Möhren

Erbsen

Brokkoli

Paprika

Salz

Zwiebel

Pfeffer

GEMÜSEKÜCHLEIN MIT EI

Zuerst denkt man noch: Hmm, das sieht aber komisch aus.
Doch wenn die Küchlein aus dem Backofen kommen,
will jeder eins abbekommen.

Für
6
Küchlein

Zubereitung
15
Minuten

Zutaten:

- etwas Öl für das Blech
- 50 g Brokkoli, in Röschen geteilt
- 50 g Möhren, gewürfelt
- 5 Eier
- ½ Zwiebel, klein gehackt
- 1 Paprika, gewürfelt
- 50 g Erbsen (tiefgekühlt)
- Salz und Pfeffer

Du brauchst:

- Muffinblech mit 6 Vertiefungen
- Backpinsel
- Topf
- Sieb
- Rührschüssel

1 Heize den Backofen auf 180 °C vor. Pinsle das Muffinblech mit Öl ein.

2 Koche die Brokkoliröschen und Möhrenwürfel 2 Minuten in wenig Wasser. Lass sie dann in einem Sieb abtropfen.

3 Schlage die Eier in eine Rührschüssel auf und würze sie mit Salz und Pfeffer. Verquirle alles gründlich mit einer Gabel, bis Eigelb und Eiweiß gut vermischt sind.

4 Verteile das Gemüse in den Vertiefungen des Muffinblechs und übergieße es mit dem Ei. Backe die Gemüseküchlein 10–12 Minuten im vorgeheizten Backofen.

Tipp: Du kannst das Gemüse nehmen, das dir am besten schmeckt. Und ein bisschen Schnittlauch schadet auch nicht.

Tipp: Anstelle von Äpfeln kannst du auch Erdbeeren, Heidelbeeren oder Pfirsiche verwenden.

Joghurt

Zucker

Honig

Apfel

Knuspermüsli

Zimt

APFEL-STREUSEL
ZUM FRÜHSTÜCK

Zum Frühstück mag ich sehr gern etwas Süßes und
dieser Apfel-Streusel ist außerdem noch sehr gesund.

Zutaten:

- etwas Öl für die Form
- 1 Apfel, gewaschen und gewürfelt
- 1 kräftige Prise gemahlener Zimt
- 1 EL Zucker
- 2 EL Knuspermüsli
- 50 g Joghurt
- Honig zum Servieren

Du brauchst:

- Auflaufform
- Backpinsel
- Teigschaber

1

Heize den Backofen auf 180 °C vor. Pinsle die Auflaufform mit Öl ein.

2

Gib die Apfelwürfel in die Form und bestreue sie mit Zimt und Zucker. Mische alles gut mit einem Teigschaber.

3

Backe die Äpfel im vorgeheizten Backofen auf der mittleren Schiene 15–18 Minuten, bis sie weich sind. Streue das Knuspermüsli über die noch warmen Äpfel und serviere alles mit Joghurt und Honig.

SNACKS

Shane: Ich mag kleine Snacks zwischendurch. Und weil man natürlich nicht ständig etwas Süßes essen kann, mache ich gerne diese herzhaften Snacks.

Champignons

Brot

Hackfleisch

Basilikum

Tomatensoße

Mozzarella

BROTPIZZA

Hier werden Brotscheiben mit den Zutaten belegt, die sonst auf eine Pizza kommen – das geht schnell und schmeckt genauso lecker. Ich nehme am liebsten Hackfleisch und Champignons, aber du kannst natürlich auch andere Zutaten verwenden.

Für
2
Personen

Zubereitung
20
Minuten

Zutaten:

- 1 EL Öl
- 150 g Rinderhack-
  fleisch
- 100 g Champignons,
  in Scheiben ge-
  schnitten
- 4 Scheiben Brot
  (Weißbrot oder
  Vollkornbrot)
- 75 ml Tomatensoße
  mit Kräutern (aus dem
  Glas)
- 75 g geriebener
  Mozzarella
- frisches Basilikum

Du brauchst:

- Backblech
- Backpapier
- Pfanne
- Kochlöffel

1 Heize den Backofen auf 200 °C vor. Du kannst dein Backblech mit Backpapier auslegen, das muss aber nicht unbedingt sein.

2 Gib das Öl in eine Pfanne und brate darin das Hackfleisch mit den Champignons 5 Minuten an. Rühre dabei immer wieder um.

3 Lege die Brotscheiben auf das Backblech. Bestreiche sie mit Tomatensoße.

4 Verteile Käse, Hackfleisch und Champignons auf den Brotscheiben. Backe sie im vorgeheizten Backofen auf der mittleren Schiene 10–12 Minuten.

Tipp: Die Basilikumblätter kommen erst ganz zum Schluss dazu.

Tipp: Gemüsechips bleiben leider nicht lange knusprig. Deshalb musst du sie essen, sobald sie etwas abgekühlt sind.

Süßkartoffel

Rote Bete

Möhre

Salz

Pastinake

Olivenöl

GEMÜSECHIPS

Ich esse am Wochenende gern mal ein Schälchen mit Chips,
und am liebsten mag ich selbst gemachte Gemüsechips.

Für 4 Personen

Zubereitung 25 Minuten

Zutaten:

- 300 g Möhren
- 300 g Rote Bete
- 400 g Süßkartoffeln
- 300 g Pastinaken
- 30 ml Olivenöl
- Salz

Du brauchst:

- 2 Backbleche
- Backpapier
- Gemüsehobel und Fingerschutz
- Backpinsel

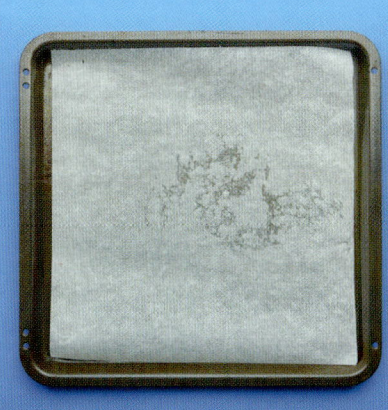

1 Heize den Backofen auf 180 °C vor. Lege die Backbleche mit Backpapier aus.

2 Wasche und schäle das Gemüse. Schneide es mit einem Gemüsehobel in hauchdünne Scheiben. Tupfe sie mit Küchenpapier trocken.

3 Verteile die Gemüsescheiben auf den beiden Backblechen. Sie sollten nicht übereinanderliegen. Gieße das Olivenöl in eine kleine Schüssel und pinsle die Gemüsescheiben damit ein.

4 Bestreue alles mit ein wenig Salz. Backe die Gemüsechips im vorgeheizten Backofen 10–15 Minuten, bis sie schön knusprig sind.

Salatgurke

Tomaten

Rucola

Brötchen

Olivenöl

Italienische Kräuter

Kopfsalat

Mozzarella

Pinienkerne

Pfeffer

Salz

SHANES FRISCHER SALAT

Ich esse jeden Tag Salat: einmal in der Schule und dann noch einmal vor dem Sport. Die Zutaten wechseln, aber Gurke ist fast immer dabei.

Zutaten:

- 1 Kopfsalat
- 75 g Rucola
- 1 Salatgurke
- 2 Tomaten
- 1 Brötchen
- 50 g geriebener Mozzarella
- ½ EL italienische Kräutermischung
- 4 EL Olivenöl
- 50 g Pinienkerne
- Salz und Pfeffer

Du brauchst:

- Backblech
- Backpapier
- Salatschüssel
- Rührschüssel
- Pfanne
- Kochlöffel

1

Heize den Backofen auf 180 °C vor. Lege ein Backblech mit Backpapier aus.

Wasche Salat, Rucola, Gurke und Tomaten und lass sie dann abtropfen.

2

Zupfe die Salatblätter in kleine Stücke und lege sie in eine große Schüssel. Schneide die Gurke in Scheiben und die Tomaten in Spalten. Richte beides auf dem Salat an.

3

Gib die Rucolablätter zu den anderen Zutaten in die Schüssel.

4 Schneide das Brötchen in 1 cm große Würfel und lege sie in eine Rührschüssel. Gib den Mozzarella, die italienischen Kräuter und 1 EL Olivenöl dazu.

5 Mische alles gut durch und verteile es auf dem Backblech. (Du hast hoffentlich das Backpapier nicht vergessen!) Die Käsecroûtons im vorgeheizten Backofen 5 Minuten knusprig rösten.

6 Röste die Pinienkerne in einer Pfanne ohne Fett goldgelb. Sie verbrennen schnell, deshalb musst du sie häufig mit einem Kochlöffel umrühren und immer im Auge behalten. Lass sie dann auf Küchenpapier abkühlen.

7 Streue die Käsecroûtons und die gerösteten Pinienkerne über den Salat. Würze ihn mit Salz und Pfeffer und beträufle ihn mit 3 EL Olivenöl. Mische alles gut durch und lass es dir schmecken.

Tipp: Gib die Croûtons erst kurz vor dem Servieren zum Salat. Sonst wird das Brot wieder weich und das wäre schade.

Olivenöl

Butter

Knoblauchpulver

Süße Sojasoße

Hähnchen-
flügel

Sambal Oelek

Paprikapulver

Essig

Lorbeerblatt

Salz

OPAS
HÄHNCHENFLÜGEL

Niemand macht bessere Hähnchenflügel als Opa Jorge. Wenn er sie am Wochenende
für uns zubereitet, riecht es im ganzen Haus so lecker! Das Rezept ist ein Familien-
geheimnis, das mein Opa mir jetzt verraten hat.

Für
4
Personen

Zubereitung
20
Minuten

Ruhezeit
60
Minuten

Zutaten:
- 1 kg Hähnchenflügel, küchenfertig
- 1 Prise Salz
- 1 Lorbeerblatt
- 50 ml Olivenöl
- 1 EL Essig
- 1 EL Sambal Oelek (scharfe Chilipaste; nach Geschmack)
- 2 EL süße Sojasoße (Ketjap Manis)
- 1 EL Paprikapulver
- ½ EL Knoblauch- pulver
- Butter zum Braten

Du brauchst:
- Topf
- Rührschüssel
- große Pfanne
- Küchenzange

1

Fülle Wasser in einen großen Topf, gib das Salz dazu. Sobald das Wasser kocht, kannst du die Hähnchenflügel zusammen mit dem Lorbeerblatt hinein- legen und 10 Minu- ten garen. Lass sie danach in einem Sieb abkühlen.

2

Verrühre alle übrigen Zutaten in einer großen Schüssel zu einer Marinade. Wende die Hähnchenflügel darin. Decke die Schüssel zu und stell sie für mindestens 1 Stunde in den Kühlschrank.

3

Brate die Hähn- chenflügel in einer großen Pfanne in Butter 5 Minuten, wende sie dabei mit einer Küchenzange (oder mit zwei Gabeln). Gieße die restliche Marinade dazu. Serviere die Hähnchenflügel in der Soße.

Tipp: Je länger die Hähnchen-flügel mariniert werden, desto besser der Geschmack.

Tipp: Dieser Snack lässt sich nicht lange aufbewahren. Iss ihn am besten schnell auf.

Kichererbsen

Olivenöl

Paprikapulver

Salz

Edamame

GERÖSTETE KICHERERBSEN UND EDAMAME

Dieser Snack ist perfekt, wenn ihr nach dem Essen noch etwas Hunger habt. Zwar sind Chips und Schokolade auch lecker, aber dieser Snack ist lecker und gesund.

Für
4
Personen

Zubereitung
35
Minuten

Zutaten:
- 1 Dose Kichererbsen (400 g)
- 1 Dose Edamame (400 g)
- 1 EL Paprikapulver
- 1 EL Olivenöl
- 1 TL Salz

Du brauchst:
- Sieb
- Rührschüssel
- Kochlöffel
- Backblech

1

Heize den Backofen auf 200 °C vor. Gib Kichererbsen und Edamame in ein Sieb und spule sie unter fließendem kaltem Wasser ab. Lass sie gut abtropfen und fülle sie dann in eine Schüssel. Gib Paprikapulver, Olivenöl und Salz dazu. Mische alles gut durch.

2

Leere die Schüssel auf ein Backblech aus.

3

Verteile Kichererbsen und Edamame auf dem Blech. Röste sie im vorgeheizten Backofen auf der mittleren Schiene 25–30 Minuten. Rühre sie nach der Hälfte der Backzeit einmal durch.

Hähnchenbrustfilets

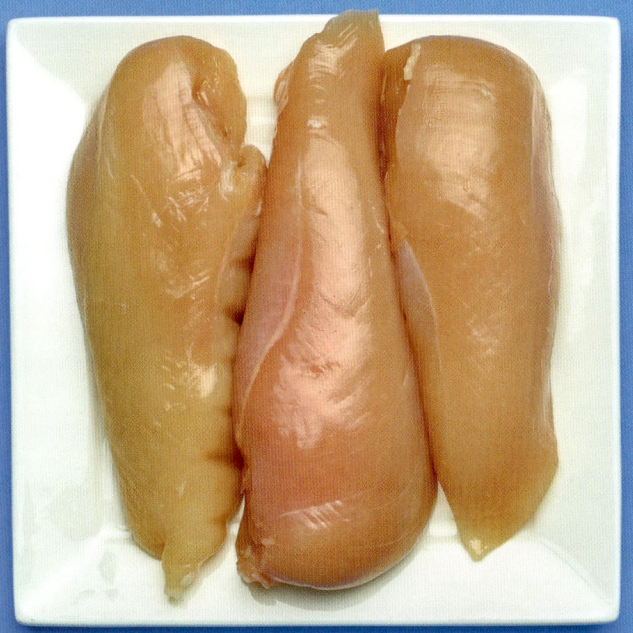

Mehl

Panko

Eier

Schwarzer Pfeffer

HÄHNCHEN-NUGGETS

Hähnchen ist mein Lieblingsfleisch und ich bereite es immer wieder anders zu.
Diese knusprigen Hähnchenwürfel könnte ich den ganzen Tag essen!

Zutaten:

- 600 g Hähnchenbrust-
  filets
- 3 Eier
- 150 g Mehl
- 1 TL Backpulver
- frisch gemahlener
  schwarzer Pfeffer
- 150 g Panko (japani-
  sche Semmelbrösel)
- 1 l Sonnenblumenöl

Du brauchst:

- 2 Rührschüsseln
- Pfanne oder Fritteuse
- Kochlöffel

Achtung:

Sei im Umgang mit
heißem Öl besonders
vorsichtig, es kann
spritzen. Am besten
lässt du dir von einem
Erwachsenen helfen.

1 Schneide das Fleisch in Würfel. Schlage die Eier in eine
Schüssel auf und verquirle sie mit einer Gabel. Mische in
einer zweiten Schüssel das Mehl mit dem Backpulver und
etwas Pfeffer. Streue die Panko-Brösel auf einen Teller.

2 Gieße das Sonnenblumenöl in eine tiefe Pfanne oder in die
Fritteuse und erhitze es auf 180 °C. Halte einen Kochlöffel-
stiel aus Holz hinein, um die Temperatur zu prüfen: Wenn
sich Bläschen bilden, ist die Temperatur genau richtig.

3

Jetzt panierst du die Hähnchenwürfel: Wende sie zuerst im Mehl, dann im verquirlten Ei und zum Schluss in den Bröseln.

4

Lege die fertig panierten Hähnchenwürfel auf einen großen Teller.

5

Gib die Hähnchenwürfel mit einem Löffel vorsichtig in das heiße Öl – nicht zu viele auf einmal. Nach 5–7 Minuten sind sie knusprig und durchgegart. Du kannst sie vor dem Servieren mit Schnittlauch bestreuen. Ketchup schmeckt gut dazu.

Tipp: Panko ist ein grobes Panier-mehl, das in Japan häufig verwendet wird. Damit wird die Panade extra kross. Mit Panko lassen sich auch Gemüse und Garnelen gut panieren. Für noch mehr Geschmack kannst du noch getrocknete Kräuter unter die Panko-Brösel mischen.

SHANES
KARTOFFELSTAMPF

Eigentlich bin ich kein großer Fan von Kartoffeln, aber für Püree mache ich eine Ausnahme. Es ist ganz einfach und schnell gekocht und meine Oma liebt es auch.

Kartoffeln

Crème fraîche

Schnittlauch

Salz

Muskatnuss

Pfeffer

Milch

Olivenöl

Für
4
Personen

Zubereitung
30
Minuten

Zutaten:
- 800 g festkochende Kartoffeln, geschält und in grobe Stücke geschnitten
- 50 ml Milch
- 2 EL Olivenöl
- 125 g Crème fraîche
- 1 Prise geriebene Muskatnuss
- etwas Schnittlauch, in feine Röllchen geschnitten
- Salz und Pfeffer

Du brauchst:
- Topf
- Sieb
- Schüssel
- Kartoffelstampfer
- Kochlöffel

1 Gib die Kartoffeln in einen Topf und bedecke sie mit Wasser. Streue eine Prise Salz hinein und lass das Wasser aufkochen. Nach 20–25 Minuten sind die Kartoffeln weich.

2 Schütte die Kartoffeln zum Abtropfen in ein Sieb. Gib sie dann in eine Schüssel und zerdrücke sie mit dem Kartoffelstampfer.

3 Gib Milch, Olivenöl und Crème fraîche dazu und rühre mit einem Kochlöffel gut um. Würze mit Muskatnuss, Salz und Pfeffer. Zum Schluss kommen noch die Schnittlauchröllchen dazu.

FÜR DIE GANZE FAMILIE

Shane: Am liebsten koche ich für viele Leute. Hier zeige ich euch, was meine Familie gern isst.

Paprika

Kartoffeln

Eier

Knoblauch

Pfeffer

Salz

Zwiebel

SPANISCHE TORTILLA
MIT GEGRILLTER PAPRIKA

Diese Tortilla ist supercool, sie sieht aus wie ein Kuchen!
Sie schmeckt immer, egal ob warm oder kalt. Ich esse manchmal Baguette dazu
und Ketchup passt auch ganz gut.

Für
4
Personen

Zubereitung
60
Minuten

Zutaten:

- 4 rote Paprika
- 4 mittelgroße Kartoffeln
- 2 Knoblauchzehen, geschält und klein gehackt
- 1 Zwiebel, geschält und klein gehackt
- 8 Eier
- Salz und Pfeffer
- Öl zum Beträufeln und zum Braten

Du brauchst:

- Backblech
- Backpapier
- Gemüsehobel
- Pfanne
- Kochlöffel
- Tarteform
- Rührschüssel
- Schneebesen

1 Heize den Backofen auf 180 °C vor. Lege ein Backblech mit Backpapier aus.

2 Wasche, halbiere und entkerne die Paprika. Lege die Hälften mit der offenen Seite nach oben auf das Backblech und beträufle sie mit Öl. Röste sie auf der mittleren Schiene 20–25 Minuten.

3 Wenn die Paprikahälften etwas abgekühlt sind, kannst du sie in 0,5 cm breite Streifen schneiden. Den Backofen nicht ausstellen.

4 Schäle die Kartoffeln und hoble sie in dünne Scheiben.

5 Erhitze in der Pfanne 1 EL Öl und brate darin den Knoblauch und die Zwiebel an. Füge die Kartoffelscheiben hinzu und brate alles zusammen noch 10 Minuten. Rühre alles hin und wieder um.

6 Pinsle die Tarteform mit Öl ein. Fülle alles aus der Pfanne in die Form. Die Kartoffelscheiben sollten dabei möglichst flach geschichtet werden. Verteile dann die gegrillten Paprikastreifen darauf.

7 Schlage die Eier in eine Schüssel auf, gib eine Prise Salz und Pfeffer dazu und verquirle alles mit dem Schneebesen. Gieße die Mischung in die Tarteform.

8 Backe die Tortilla im vorgeheizten Backofen auf der mittleren Schiene 25 Minuten, bis die Oberfläche goldbraun ist.

Tipp: Du kannst auch Zucchini oder ein anderes Gemüse verwenden und zum Schluss etwas Petersilie auf die Tortilla streuen.

Gemischtes Gemüse

Gegarter Basmatireis

Brühwürfel

Knoblauch

Süße Sojasoße

Zwiebel

Sojasoße

Eier

GEBRATENER REIS
MIT GEMÜSE

Das ist eines meiner Lieblingsgerichte. Ich esse es gern, wenn ich aus der Schule komme,
manchmal packe ich es auch statt Pausenbrot ein. Meistens nehme ich dafür Reis,
der vom Vortag übrig geblieben ist, und schaue einfach, was noch an Gemüse da ist.
Auch als Beilage zu Hähnchen oder Fisch passt der gebratene Reis gut.

Für 4 Personen

Zubereitung 20 Minuten

Zutaten:

- 2 Knoblauchzehen, geschält und klein gehackt
- 1 Zwiebel, geschält und klein gehackt
- 400 g gemischtes Gemüse, geputzt und klein geschnitten
- 300 g gegarter Basmatireis (am besten vom Vortag)
- 4 Eier
- 1 Brühwürfel
- 4 EL süße Sojasoße (Ketjap Manis)
- 2 EL Sojasoße
- Öl zum Braten

Du brauchst:

- Wok oder Pfanne
- Kochlöffel

1 Erhitze im Wok (oder in der Pfanne) ein wenig Öl. Brate den Knoblauch und die Zwiebel darin an – sie sollen aber nicht braun werden.

2 Gib das Gemüse dazu und brate es 5 Minuten mit, bis es weich wird. Du musst dabei ganz oft mit einem Kochlöffel umrühren.

3

Gib den abgekühlten Reis dazu und mische alles gut mit dem Kochlöffel.

4

Jetzt machst du mit dem Kochlöffel in der Mitte eine Mulde. Schlage die Eier hinein und verrühre sie mit den anderen Zutaten. Lass die Eier noch 5 Minuten braten, bis sie fest sind.

5

Zerbröckle den Brühwürfel und gib ihn zusammen mit Ketjap Manis und Sojasoße in die Pfanne. Rühre noch einmal gut um und lass alles 5 Minuten durchwärmen.

Tipp: Wenn du noch Reste von dem Reis mit grünen Bohnen und Hähnchen auf Seite 82–85 übrig hast, kannst du sie hier verwenden. Ein bisschen Krautsalat und Limettenspalten zum Auspressen passen gut dazu.

Aubergine

Parmesan

Zwiebel und Knoblauch

Paprikapulver

Tomatenwürfel

Salz

Italienisches
Gemüse

Süßkartoffel

Pfeffer

Mozzarella

PAPAS AUBERGINENAUFLAUF

Papa macht die allerbesten überbackenen Auberginen mit ganz viel Gemüse.
Das Rezept musste natürlich unbedingt in mein Buch!

Für 4 PERSONEN

Zubereitung 50 Minuten

Zutaten:

- 1 Knoblauchzehe, geschält und klein gehackt
- 1 Zwiebel, geschält und klein gehackt
- 400 g italienisches Gemüse (tiefgekühlt)
- 1 Dose geschälte Tomaten (400 g)
- 1 EL Paprikapulver
- 2 Auberginen, in dünne Scheiben gehobelt
- 2 Süßkartoffeln (400 g), geschält und in Scheiben gehobelt
- 1 Kugel Mozzarella
- 50 g Parmesan, gerieben
- Salz und Pfeffer
- Olivenöl zum Braten und für die Form

Du brauchst:

- Gemüsehobel
- Pfanne
- Kochlöffel
- Kochtopf
- Sieb
- rechteckige Auflaufform
- Backpinsel

1

Erhitze in einer Pfanne etwas Öl. Brate Knoblauch und Zwiebel darin an. Rühre mit einem Kochlöffel hin und wieder um.

2

Gib das aufgetaute italienische Gemüse dazu und gare es 5 Minuten mit.

3

Füge die Tomaten und das Paprikapulver hinzu und würze alles mit Salz und Pfeffer. Jetzt umrühren und die Hitze reduzieren. Lass die Tomatensoße 30 Minuten köcheln.

4 Lege die Auberginenscheiben nebeneinander und bestreue sie mit Salz. Nach 15 Minuten kannst du das Salz abwischen und die Auberginenscheiben mit Küchenpapier trocken tupfen.

5 Bringe in einem Topf Wasser zum Kochen. Gare die Süßkartoffelscheiben 5 Minuten darin. Lass sie dann in einem Sieb abtropfen.

6 Heize den Backofen auf 180 °C vor. Pinsle die Auflaufform mit Öl ein.

7 Verteile in der Auflaufform etwas Tomatensoße. Lege darauf eine Schicht Auberginenscheiben, dann eine Schicht Süßkartoffelscheiben.

8 So machst du weiter, bis alle Zutaten verbraucht sind, ganz oben sollte Soße sein. Zupfe den Mozzarella in Stücke und verteile ihn auf dem Auflauf. Streue dann den Parmesan darüber.

9 Backe den Auflauf im vorgeheizten Backofen auf der mittleren Schiene etwa 15 Minuten, bis der Käse geschmolzen ist.

Tipp: Du kannst auch noch Zucchini und Champignons dazugeben. Und wenn du magst, zum Schluss etwas Basilikum.

Möhren

Mie-Nudeln

Kirschtomaten

Zuckerschoten

Sojasoße

Brokkoli

Austernsoße

Garnelen

Grüne Bohnen

Zwiebel und
Knoblauch

Sesamöl

MIE-NUDELN MIT GARNELEN

Mie-Nudeln kommen aus Asien, aber du bekommst sie
in jedem Supermarkt. Die Nudeln mit Garnelen sind im Handumdrehen
fertig und ich nehme dazu ganz viel Gemüse.

Für 4 Personen

Zubereitung 20 Minuten

Zutaten:

- 350 g Mie-Nudeln
- 1 Knoblauchzehe, geschält und klein gehackt
- 1 Zwiebel, geschält und klein gehackt
- 100 g Zuckerschoten, geputzt
- 100 g Brokkoli, in Röschen geteilt
- 100 g Möhren, in Scheiben geschnitten
- 100 g Kirschtomaten, halbiert
- 100 g grüne Bohnen, in Stücke geschnitten
- 400 g geschälte Garnelen
- 3 EL Sojasoße
- 1 EL Sesamöl
- 3 EL Austernsoße
- Sonnenblumenöl zum Braten

Du brauchst:

- Topf
- Sieb
- Pfanne
- Kochlöffel

1 Bringe in einem Topf Wasser zum Kochen. Darin kannst du jetzt die Nudeln garen. Wie lange das dauert, steht auf der Verpackung. Gieße die fertigen Nudeln in ein Sieb ab und lass sie abtropfen.

2 Erhitze in einer Pfanne etwas Öl. Brate Knoblauch und Zwiebel darin an, bis sie gut duften. Rühre mit einem Kochlöffel hin und wieder um.

3

Gib das gesamte Gemüse in die Pfanne. Schalte die Hitze herunter und brate das Gemüse 10 Minuten, bis es weich wird. Du musst dabei ganz oft mit einem Kochlöffel umrühren.

4

Gib die Garnelen in die Pfanne und brate alles zusammen noch 3 Minuten, bis die Garnelen leicht gebräunt sind. Umrühren nicht vergessen!

5

Jetzt kommen noch die gegarten Nudeln, die Sojasoße, das Sesamöl und die Austernsoße dazu. Alles gut umrühren und noch 2 Minuten erhitzen.

Tipp: Wenn es mal schnell gehen muss, kannst du auch einen Beutel Wok-Gemüse aus dem Tiefkühlfach nehmen, dann brauchst du nicht alles selbst klein zu schneiden.

Penne

Zucchini

Basilikum

Parmesan

Knoblauch

Salz

Zwiebel

Öl

Pfeffer

Erbsen

PENNE MIT PESTO
UND GRÜNEM GEMÜSE

Ich liebe Nudeln und mag sie in jeder Kombination.
Doch Penne mit Pesto und grünem Gemüse ist mein Lieblingsgericht.
Das esse ich meistens einmal in der Woche.

Zutaten:

- 2 Knoblauchzehen, geschält und klein gehackt
- 15 g frisches Basilikum
- 3 EL Olivenöl
- 30 g Parmesan, gerieben, und etwas Parmesan zum Bestreuen
- 350 g Penne
- 1 Zwiebel, geschält und klein geschnitten
- 1 Zucchini, in 1 cm große Würfel geschnitten
- 150 g Erbsen (tiefgekühlt)
- Salz und Pfeffer
- Öl zum Braten

Du brauchst:

- Reibe
- Mixer
- Topf
- Pfanne
- Kochlöffel
- Sieb

1

Zuerst machst du das Pesto: Gib die Hälfte des Knoblauchs in den Mixer, dann das Basilikum, Olivenöl, Parmesan, eine Prise Salz und Pfeffer. Zerkleinere alles zu einer Paste.

2

Bringe in einem Topf reichlich Wasser mit etwas Salz zum Kochen. Darin werden jetzt die Nudeln gegart. Wie lange das dauert, steht auf der Verpackung.

3

Erhitze etwas Öl in einer Pfanne. Brate den restlichen Knoblauch und die Zwiebel darin an – sie sollen aber nicht braun werden. Rühre mit einem Kochlöffel hin und wieder um.

4

Gib die Zucchini und die Erbsen dazu und brate alles 5 Minuten, bis die Zucchini gar ist und die Erbsen aufgetaut sind.

5

Schütte jetzt die Nudeln aus dem Topf in ein Sieb. Gib die Nudeln mit dem selbst gemachten Pesto zum Gemüse in die Pfanne und wärme alles noch einmal gut durch.

6

Bestreue jede Portion vor dem Servieren mit etwas geriebenem Parmesan.

Tipp: Das Pesto kannst du auch gut mit Rucola statt mit Basilikum zubereiten.

Basmatireis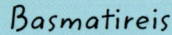

Hähnchenbrustfilet

Süße Sojasoße

Zwiebel und Knoblauch

Schwarzer Pfeffer

Grüne Bohnen

REIS MIT GRÜNEN BOHNEN
UND HÄHNCHEN

Dieses Gericht darf bei mir zu Hause bei keiner Familienfeier fehlen.
Ich könnte es jeden Tag essen!

Für 4 Personen

Zubereitung 20 Minuten

Zutaten:

- 300 g Basmatireis
- 2 Knoblauchzehen, geschält und klein gehackt
- 1 Zwiebel, geschält und klein gehackt
- 300 g Hähnchen-brustfilet
- 500 g grüne Bohnen, in kleine Stücke geschnitten
- 4 EL süße Sojasoße (Ketjap Manis)
- Salz und Pfeffer
- Öl zum Braten

Du brauchst:

- Topf
- Sieb
- Pfanne
- Kochlöffel

1 Bringe in einem Topf Wasser mit einer Prise Salz zum Kochen. Darin garst du jetzt den Reis. Wie lange das dauert, steht auf der Verpackung. Lass den fertig gekochten Reis in einem Sieb abtropfen.

2 Erhitze etwas Öl in einem Wok oder in einer Pfanne. Brate darin den Knoblauch und die Zwiebel an – sie sollen aber nicht braun werden. Rühre mit einem Kochlöffel hin und wieder um.

3

Schneide das Hähnchenbrustfilet in Würfel. Gib die Hähnchenwürfel zur Knoblauch-Zwiebel-Mischung in den Wok und brate sie 5 Minuten bei starker Hitze an, bis das Fleisch rundherum gut gebräunt und von innen fast durchgebraten ist. Dabei musst du mit einem Kochlöffel hin und wieder umrühren.

4

Gib die Bohnen, die Sojasoße und etwas Pfeffer dazu. Brate alles zusammen noch etwa 5 Minuten. Schneide ein Stück Hähnchen durch, um zu kontrollieren, ob es wirklich ausreichend gebraten ist: Es sollte von innen weiß sein. Das Hähnchen und die Bohnen mit dem Reis servieren.

Tipp: Anstelle von grünen Bohnen kannst du hier auch die langen Spargelbohnen nehmen. Wenn du sie im Supermarkt nicht findest, frag beim Gemüsehändler oder im Asialaden danach.

Paprika

Aubergine

Lachs

Zwiebel und
Knoblauch

Zucchini

Basilikum

Pfeffer

Salz

Tomaten

Pinienkerne

Balsamicoessig

Knoblauchpulver

GEBRATENER LACHS
MIT SIZILIANISCHEM GEMÜSE

Fisch mag ich gern und das italienische Gemüse schmeckt gut dazu.
Auch die Farben passen schön zusammen.

Zutaten:

- 2 Knoblauchzehen, geschält und klein gehackt
- 1 Zwiebel, geschält und klein gehackt
- 1 Aubergine, in 2 cm große Würfel geschnitten
- 1 rote Paprika, in 2 cm große Würfel geschnitten
- 1 Zucchini, in 2 cm große Würfel geschnitten
- 400 g Tomaten, in Spalten geschnitten
- 2 EL Balsamicoessig
- 30 g Pinienkerne
- 10 g frisches Basilikum, grob gehackt
- 2 Lachsfilets à 150 g (mit Haut)
- 1 EL Knoblauchpulver
- Salz und Pfeffer
- Olivenöl zum Braten

Du brauchst:

- 2 Pfannen
- Kochlöffel oder Teigschaber
- Pfannenwender

1

Erhitze 2 EL Olivenöl in einer Pfanne. Brate darin Knoblauch und Zwiebel an – sie sollen aber nicht braun werden. Rühre hin und wieder um.

2

Gib das gesamte Gemüse und den Balsamicoessig dazu. Jetzt muss alles 15 Minuten köcheln. Rühre hin und wieder um.

3

Röste in einer zweiten Pfanne die Pinienkerne ohne Fett 5–7 Minuten an, bis sie hellbraun sind. Du musst sie ganz oft umrühren und darfst sie nicht aus den Augen lassen.

4 Würze das Gemüse mit Salz und Pfeffer. Gib dann die gerösteten Pinienkerne und das frische Basilikum dazu. Stell die Herdplatte auf die schwächste Hitze ein.

5 Würze den Lachs auf der Seite ohne Haut mit Knoblauchpulver, Salz und Pfeffer.

6 Erhitze 2 EL Olivenöl in einer Pfanne und lege die Lachsfilets mit der Haut nach unten hinein. Brate sie auf der Haut 2–5 Minuten, bis sie braun und knusprig sind.

7 Drehe die Filets mit dem Pfannenwender um und brate sie von der anderen Seite nochmals 2–5 Minuten, bis der Lachs hellrosa und gut gegart ist. Jetzt kannst du den gebratenen Lachs mit dem Gemüse servieren.

Achtung: Die Bratzeit hängt von der Dicke der Lachsfilets ab. Ein dünnes Filet (1–2 cm dick) sollte insgesamt 5 Minuten gebraten werden, also 2 Minuten und 30 Sekunden von jeder Seite. Ein sehr dickes Filet (4–5 cm dick) braucht etwa 10 Minuten, also 5 Minuten von jeder Seite.

Brötchen

Wasser

Ingwer

Brauner
Vollrohrzucker

Austernsoße

Süße Sojasoße

Lorbeerblatt

Rinderbrühwürfel

Zwiebel

Essig

Rindfleisch

SURINAMISCHES RINDFLEISCH-BRÖTCHEN

Meine Tante Glenda ist ganz verrückt nach diesen Brötchen mit Rindfleisch.
Häufig werden sie auch mit Hähnchenfleisch belegt, aber mit einem Stück
Bio-Rindfleisch schmecken sie ebenfalls ganz wunderbar. Ich esse
nicht viel Fleisch, aber so ein Brötchen geht immer.

Für 4 Personen

Zubereitung 5 STUNDEN und 10 Minuten

Zutaten:

- 2 Knoblauchzehen, geschält und klein gehackt
- 1 Zwiebel, geschält und klein gehackt
- 1 cm Ingwerwurzel, geschält und fein geschnitten
- 1 kg Rindfleisch, in 2 cm große Würfel geschnitten
- 1 Lorbeerblatt
- 1 EL Essig
- 4 EL süße Sojasoße (Ketjap Manis)
- 4 EL Austernsoße
- 2 EL brauner Vollrohrzucker
- 1 Rinderbrühwürfel
- 1 l Wasser
- Butter zum Braten
- 4 Brötchen
- eingelegte Gurken (Rezept Seite 131)

Du brauchst:

- Topf
- Kochlöffel

1 Lass die Butter in einem breiten Topf schmelzen. Brate darin den Knoblauch, die Zwiebel und den Ingwer an – sie sollen aber nicht braun werden. Rühre hin und wieder um.

2 Gib das Fleisch mit dem Essig und dem Lorbeerblatt dazu. Brate die Fleischstücke bei starker Hitze 5 Minuten an, bis sie rundherum gebräunt sind, und vergiss nicht umzurühren. Gib dann alle übrigen Zutaten dazu.

3 Lass das Fleisch 5 Stunden köcheln und rühre immer mal wieder um. Wenn es zu trocken aussieht, musst du etwas Wasser nachgießen.

4 Jetzt kannst du das Fleisch mit zwei Gabeln zerteilen. Belege die Brötchen damit und gib ein paar Gurkenscheiben dazu.

Tipp: Fleisch immer bei einem guten Metzger kaufen — möglichst in Bio-Qualität, denn das schmeckt am allerbesten!

Tipp: Mit der Crème fraîche wird die Suppe besonders cremig und sehr lecker!

Kürbis

Zwiebeln

Knoblauch

Salz

Pfeffer

Olivenöl

Gemüsebrühe

Crème fraîche

KÜRBISSUPPE
MIT CRÈME FRAÎCHE

Diese absolut einfache und leckere Suppe ist schnell zubereitet.
Allerdings bitte ich meinen Opa oder meinen Vater manchmal, dass sie mir
beim Schneiden des Kürbisses helfen, denn er kann außen ziemlich hart sein.

Zutaten:

- 1 kleiner Kürbis, geschält und in Stücke geschnitten
- 2 Zwiebeln, geschält und in Stücke geschnitten
- 2 Knoblauchzehen, geschält und halbiert
- 2 EL Olivenöl
- 1 l Gemüsebrühe
- 125 g Crème fraîche
- 2 EL Schnittlauch-röllchen
- Salz und Pfeffer

Du brauchst:

- Backblech
- Suppentopf
- Kochlöffel
- Stabmixer

1

Heize den Backofen auf 180 °C vor. Du kannst das Back-blech mit Back-papier auslegen, das muss aber nicht unbedingt sein.

2

Verteile Kürbis, Zwie-beln und Knoblauch auf dem Blech. Gib das Öl, eine Prise Salz und Pfeffer dazu, dann gut mischen. Im Backofen auf der mittleren Schiene 20 Minuten rösten. Fülle alles in den Suppentopf um.

3

Gieße die Gemüse-brühe dazu und lege einen Deckel auf den Topf. Lass die Suppe 20 Minuten köcheln. Püriere sie dann mit dem Stabmixer. Würze sie mit Salz und Pfeffer. Gib auf jeden Teller Suppe einen Klecks Crème fraîche und etwas Schnittlauch.

SÜSSES

Shane: Nach einem Fußballspiel möchte ich immer etwas Süßes essen. Meine Lieblingssüßspeisen findet ihr in diesem Kapitel.

Vanilleeis

Erdbeeren

Schlagsahne

Zucker

Milch

ERDBEER-MILCHSHAKE

Superlecker und süß! Mein Opa, der bei uns wohnt,
und ich machen diesen Milchshake oft. Opa ist verrückt auf Süßes,
vor allem auf Vanilleeis.

Zutaten:

MILCHSHAKES
- 100 g Erdbeeren, gewaschen, halbiert und vom Stielansatz befreit
- 2 Kugeln Vanilleeis
- 50 ml gekühlte Milch

ERDBEERSOSSE
- 50 g Erdbeeren, gewaschen, halbiert und vom Stielansatz befreit
- 1 EL Zucker

GARNITUR
- Schlagsahne (aus der Sprühdose)
- 2 Mini-Donuts
- 2 Kekse
- 1 EL Schokostreusel
- 2 schöne Erdbeeren, gewaschen
- 2 Marshmallows

Du brauchst:
- Mixer
- hohe Rührschüssel
- Stabmixer
- Strohhalme

1 Für den Milchshake füllst du die Erdbeeren mit dem Vanilleeis und der gekühlten Milch in den Mixer.

2 Mixe alles gut, bis der Shake schön glatt ist. Fülle den Erdbeer-Milchshake dann in zwei große Gläser.

3

Gib für die Erdbeersoße die restlichen Erdbeeren mit dem Zucker in einen hohen Mixbecher.

4

Püriere alles mit dem Stabmixer zu einer glatten Soße. Wenn die Soße zu dickflüssig ist, kannst du etwas Wasser dazugeben.

5

Spritze auf jeden Shake etwas Schlagsahne und gieße die Erdbeersoße darüber. Stecke einen Strohhalm hinein und hänge einen Mini-Donut daran. Gib zum Schluss je 1 Keks, 1 frische Erdbeere und 1 Marshmallow und Schokostreusel dazu.

Tipp: Die Milchshakes dekoriere ich so verrückt wie möglich — am liebsten mit Keksen und ganz vielen anderen Süßigkeiten.

Schokotröpfchen

Butter

Kakaopulver

Brauner Zucker

Eier

Mehl

Salz

SCHOKOKÜCHLEIN
MIT FLÜSSIGEM KERN

Schokoküchlein gibt es oft im Restaurant und sie schmecken immer
sehr gut. Aber du kannst sie auch ganz leicht selber machen.

Zutaten:

- 100 g Butter
- 100 g Schokotröpf-chen, mit hohem Kakaoanteil
- 150 g brauner Zucker
- 3 Eier
- 1 EL ungesüßtes Kakaopulver
- 50 g Mehl
- 1 Prise Salz
- Öl für die Förmchen

Du brauchst:

- Stieltopf
- Teigschaber
- Rührschüssel
- Schneebesen
- 6 kleine Ofen-förmchen
- Backpinsel

1 Lass die Butter und die Schokotröpfchen in einem Stieltopf bei schwacher Hitze schmelzen. Rühre zwischendurch hin und wieder um, damit die Schokolade nicht anbrennt.

2 Lass die Masse 10 Minuten abkühlen und gieße sie dann in eine große Rührschüssel.

Heize den Backofen auf 200 °C vor.

3

Gib nacheinander die übrigen Zutaten in die Rührschüssel und rühre zwischendurch immer wieder gut um. Die nächste Zutat erst hinzufügen, wenn die vorherige gut untergemischt ist.

4

Pinsle die Förmchen mit etwas Öl ein. Fülle den Schokoteig in die gefetteten Förmchen. Stell die Förmchen auf ein Backblech.

5

Backe die Schokoküchlein im Backofen auf der mittleren Schiene 15–17 Minuten. Die Oberseite der Küchlein sollte dann fest sein, das Innere aber noch weich. Serviere sie am besten sofort, zum Beispiel mit einer Kugel Vanilleeis.

Tipp: Die Förmchen sind sehr heiß, wenn sie aus dem Backofen kommen. Lege einen Ofenhandschuh bereit und bitte einen Erwachsenen, dir zu helfen.

Sahne

Blätterteig

Vanilleschote

Feiner Zucker

Zimt

Mehl

Eigelb

PORTUGIESISCHE
PUDDINGTÖRTCHEN

Die kleinen Kuchen mit Puddingfüllung sind das Lieblingsgebäck meiner Mutter.
Wenn wir in den Niederlanden sind, fährt sie dafür extra bis nach Rotterdam, wo es
einen Laden gibt, der sie verkauft. In Portugal werden sie Pasteis de Nata genannt.

Für
6
Stück

Zubereitung
35
Minuten

Zutaten:

- 6 Platten Blätterteig (tiefgekühlt)
- 4 Eigelb
- 50 g Zucker
- 1 EL Mehl
- 1 Vanilleschote
- 1 TL gemahlener Zimt
- 250 g Sahne
- zerlassene Butter für die Form

Du brauchst:

- Muffinblech mit 6 Vertiefungen
- Backpinsel
- Rührschüssel
- Schneebesen
- Stieltopf

1

Lege die Blätterteigplatten zum Auftauen auf die Arbeitsfläche. Decke den Teig dabei mit einem feuchten Küchentuch ab, damit er nicht austrocknet.

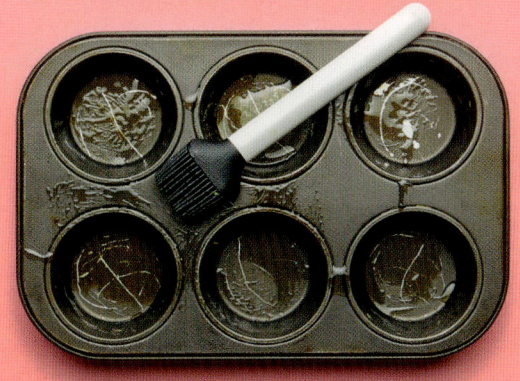

2

Heize den Backofen auf 220 °C vor. Pinsle die Vertiefungen des Muffinblechs mit der zerlassenen Butter aus.

3

Lege in jede Vertiefung eine Teigplatte und schneide den überstehenden Teig ab. Stich den Boden mit einer Gabel mehrfach ein.

4

Verquirle die Eigelbe in einer Schüssel mit dem Zucker und dem Mehl. Das geht am besten mit einem Schneebesen.

5

Schneide die Vanilleschote längs auf und kratze das Mark mit der Spitze des Messers heraus. Rühre das Vanillemark und den Zimt unter die Eigelbmischung.

6

Gieße die Sahne in einen Stieltopf. Lass sie heiß werden, aber nicht aufkochen.

7

Gieße die warme Sahne vorsichtig nach und nach zur Eiermischung in die Schüssel. Rühre dabei kräftig mit dem Schneebesen.

8

Gieße die Mischung zurück in den Topf. Lass sie langsam aufkochen und rühre dabei ohne Pause mit dem Schneebesen. Lass alles 5–10 Minuten kochen, bis der Pudding schön dick ist. Rühren nicht vergessen!

9

Fülle den Vanillepudding in die mit Teig ausgekleideten Vertiefungen. Schiebe das Muffinblech im vorgeheizten Backofen auf die mittlere Schiene und backe die Pasteis de Nata 12–15 Minuten. Stich mit einem Metallspieß hinein. Wenn keine Flüssigkeit mehr austritt, sind sie fertig.

Tipp: Wenn ihr nicht alle auf einmal schafft, kannst du die kleinen Kuchen in einer Dose im Kühlschrank aufbewahren.

Tipp: Noch leckerer wird der Kuchen, wenn du ihn in der Mitte quer durchschneidest und mit Frischkäsecreme füllst.

Frischkäse

Butter

Puderzucker

Mehl + Backpulver

Möhren

Zitrone

Walnüsse

Zimt

Salz

Butter

Eier

Vanilleextrakt
(oder Vanillezucker)

Brauner Zucker

MÖHRENKUCHEN
MIT FRISCHKÄSECREME

Das ist mein Lieblingskuchen, mit Möhren und Walnüssen
und einer Frischkäsecreme obendrauf.

Für
1
Kuchen

Zubereitung
50
Minuten

Abkühlzeit
45
Minuten

Zutaten:

MÖHRENKUCHEN
- etwas Öl für die Form
- 4 Eier
- 200 g brauner Zucker
- 200 g weiche Butter
- 200 g Mehl
- 2 TL Backpulver
- 2 TL gemahlener Zimt
- 100 g Walnusskerne, gehackt
- 100 g Möhren, geschält und gerieben
- 1 TL Vanilleextrakt (oder Vanillezucker)
- 1 Prise Salz

FRISCHKÄSECREME
- 150 g Doppelrahmfrischkäse
- 100 g weiche Butter
- 100 g Puderzucker
- Saft von ½ Zitrone

Du brauchst:
- Backform (24 Ø)
- Backpapier
- Backpinsel
- Rührschüssel
- Teigschaber
- Schneebesen
- Holzspieß

1

Heize den Backofen auf 180 °C vor. Pinsle die Backform mit Öl ein und lege den Boden mit Backpapier aus. Streiche auch etwas Öl auf das Backpapier.

2

Gib Eier, Zucker und Butter in eine Rührschüssel.

3

Verrühre alles gut mit einem Teigschaber. Kleine Klümpchen sind okay, denn die sind nach dem Backen nicht mehr zu sehen.

4

Füge die übrigen Zutaten hinzu und hebe sie mit dem Teigschaber unter, dann verschwinden auch die letzten Klümpchen. Du darfst nicht zu lange rühren, sondern alle Zutaten nur gerade eben mischen, sonst wird der Kuchen nachher zu fest.

5

Fülle den Teig in die vorbereitete Backform.

6

Backe den Möhrenkuchen im vorgeheizten Backofen auf der mittleren Schiene 35–40 Minuten. Stich mit einem Holzspieß mitten in den Kuchen hinein. Wenn er sauber wieder herauskommt, ist der Kuchen fertig. Lass ihn in der Form abkühlen.

7

Gib für die Frischkäse-
creme alle Zutaten in
eine Rührschüssel.

8

Verrühre sie mit einem
Schneebesen, sodass
eine glatte Creme
entsteht, die fast wie
Schlagsahne aussieht.

9

Jetzt kannst du den
Rand der Kuchenform
abnehmen. Nimm einen
Teigschaber und strei-
che die Frischkäsecreme
dick auf den Kuchen.

Backmischung

Brauner
Vollrohrzucker

Zerlassene
Butter

Butter

Wasser

Zimt

ZIMTZÖPFE

Wenn ich mal nicht zur Schule oder zum Fußball muss, stehe ich gern lange
in der Küche, um zum Beispiel diese Zimtzöpfe zu backen. Sie machen zwar
viel Arbeit, dafür schmecken sie aber auch richtig lecker!

Für
8
Zöpfe

Zubereitung
35
Minuten

Ruhezeit
60
Minuten

Zutaten:

- 1 Packung Back-
  mischung für Weiß-
  brot
- 25 g weiche Butter
- 275 ml lauwarmes
  Wasser
- etwas Mehl
- 50 g Butter, zerlassen
- 50 g brauner
  Vollrohrzucker
- 1 EL gemahlener Zimt

Du brauchst:

- Rührschüssel
- Frischhaltefolie
- Nudelholz
- Backpinsel
- Backblech
- Backpapier

1

Gib die Back-
mischung mit
25 g weicher
Butter und dem
Wasser in eine
Rührschüssel.

2

Verknete alles
zu einem glatten
Teig. Du kannst die
Hände nehmen
oder die Küchen-
maschine. Decke
die Schüssel mit
Frischhaltefolie zu
und lass den Teig
30 Minuten bei
Zimmertemperatur
ruhen.

3

Knete den Teig
anschließend
noch einmal gut
durch. Bestäube
die Arbeitsfläche
mit etwas Mehl.

4

Nimm ein Nudelholz und rolle den Teig zu einem etwa 35 × 25 cm großen Rechteck aus.

5

Bestreiche die Oberseite der Teigplatte mit der zerlassenen Butter. Du kannst dafür den Backpinsel oder deine Finger benutzen.

6

Mische Zucker und Zimt in einer kleinen Schüssel und streue den Zimtzucker dann auf den mit Butter bestrichenen Teig.

7

Schneide den Teig in 16 etwa 1,5 cm breite Streifen.

8

Lege immer zwei Streifen nebeneinander und bestreiche die Oberkanten mit etwas Wasser. Drücke sie zusammen und drehe dann die Streifen umeinander. Bestreiche die Unterkanten ebenfalls mit Wasser und drücke sie fest.

9

Lege die Zimtzöpfe auf das mit Backpapier ausgelegte Backblech und decke sie mit einem sauberen Küchentuch ab. Lass sie 30 Minuten aufgehen. Heize den Backofen auf 200 °C vor und backe die Zimtzöpfe dann auf der mittleren Schiene 20–25 Minuten.

Tipp: Die Zimtzöpfe schmecken mit Bio-Butter besonders lecker!

Tipp: Wenn du magst, kannst du aus dem Teig auch einen großen Kuchen backen – eine Geburtstagstorte zum Beispiel.

Butter

Zitrone

Zuckerstreusel

Puderzucker

Frischkäse

Eier

Milch

Vanilleschote

Salz

Butter

Lebensmittelfarbe

Mehl + Backpulver

Zucker

REGENBOGEN-CUPCAKES
MIT FRISCHKÄSECREME

Meine Schwester Demi liebt diese Cupcakes, die sie entdeckt hat,
als sie in Amerika lebte. Mit ihr zusammen habe ich das Rezept ausprobiert
und dabei festgestellt, dass Frischkäse sich toll für die Creme eignet (da war
ich mir vorher nicht so sicher). Und ich liebe die bunten Farben.

Für
6
Cupcakes

Zubereitung
40
Minuten

Kühlzeit
30
Minuten

Zutaten:

MUFFINS
- etwas Öl für das Blech
- 125 g weiche Butter
- 125 g Zucker
- 2 Eier
- 2 EL Milch
- 125 g Mehl
- 1 TL Backpulver
- 1 Vanilleschote
- 1 Prise Salz
- Lebensmittelfarbe
  in Lila, Blau, Grün,
  Gelb, Orange, Rot
- 50 g Zucker
- 1 EL gemahlener Zimt

FRISCHKÄSECREME
- 150 g Doppelrahm-
  frischkäse
- 100 g weiche Butter
- 150 g Puderzucker
- Saft von ½ Zitrone

ZUM BESTREUEN
- bunte Zuckerstreusel

Du brauchst:
- Muffinblech mit
  6 Vertiefungen
- Backpinsel
- Küchenmaschine
- Teigschaber
- 6 kleine Schüsseln
- Spritzbeutel mit
  Sterntülle

1

Heize den Back-
ofen auf 180 °C
vor. Nimm einen
Backpinsel und
bestreiche die
Vertiefungen des
Muffinblechs mit
Öl.

2

Gib für den Muffin-
teig die Butter mit
dem Zucker in die
Rührschüssel der
Küchenmaschine
und rühre sie
schaumig. Alterna-
tiv kannst du auch
eine Schüssel und
einen Handmixer
verwenden.

3

Füge nach und
nach Eier und
Milch hinzu und
verrühre alles zu
einem glatten
Teig.

4

Mische das Mehl mit dem Backpulver. Schneide die Vanilleschote längs auf und kratze mit der Spitze eines Messers das Mark heraus. Mehl, Backpulver, Vanillemark und Salz mit dem Teigschaber glatt rühren.

5

Teile den Teig in sechs gleich große Portionen. Fülle jede Portion in eine kleine Schüssel und gib jeweils 1 Tropfen Lebensmittelfarbe dazu. Gut mischen, damit der Teig gleichmäßig eingefärbt ist.

6

Fülle den Teig in die sechs Vertiefungen der Muffinform: Zuerst eine dünne Schicht vom lilafarbenen Teig und dann nacheinander eine blaue, eine grüne, eine gelbe, eine orange und eine rote Schicht.

7

Backe die Muffins im vor-
geheizten Backofen auf
der mittleren Schiene
20-25 Minuten. Lass sie
dann auf einem Kuchen-
gitter abkühlen.

Gib für die Frischkäse-
creme alle Zutaten in
die Rührschüssel der
Küchenmaschine.

8

Verrühre alles zu einer
glatten Creme, die ein
bisschen wie Schlag-
sahne aussieht.

9

Fülle die Creme in den
Spritzbeutel und ver-
ziere die Muffins damit.
Du kannst das auch mit
einem Löffel machen.
Bestreue die Regen-
bogen-Cupcakes zum
Schluss mit den bunten
Zuckerstreuseln.

Shane: Ich probiere beim Kochen gern Varianten aus. In diesem Kapitel findest du immer drei verschiedene Varianten für ein Rezept.

VARIANTEN

Salz

Knoblauch

Currypulver

Zitrone

Eier

3 ×
SELBST GEMACHTE
MAYONNAISE

Mayonnaise kannst du sehr gut selbst zubereiten und meistens ist sie dann auch gesünder als die gekaufte. Welche Variante schmeckt dir am besten?

Für 1 Glas à 250 Gramm

Zubereitung 5 Minuten

Zutaten:

GRUNDREZEPT
- 2 Eigelb
- 1 TL Senf
- 1 Prise Salz
- 200 ml Sonnenblumenöl
- Saft von ½ Zitrone

CURRY-MAYONNAISE
- 1 × Grundrezept
- 1 TL Currypulver

KNOBLAUCH-MAYONNAISE
- 1 × Grundrezept
- 1 Knoblauchzehe

Du brauchst:
- Rührschüssel
- Schneebesen

Senf

1 Verrühre für das Grundrezept in einer Rührschüssel die Eigelbe mit dem Senf und dem Salz.

2 Immer weiterrühren und tröpfchenweise das Sonnenblumenöl dazugeben. Es ist wichtig, das Öl so langsam wie möglich hineinzugießen.

3 Rühre weiter, bis das gesamte Öl verbraucht und die Mayonnaise schön dick ist. Gib jetzt den Zitronensaft dazu.

Currymayonnaise
Gib in Schritt 1 das Currypulver dazu. Rühre dann die Mayonnaise wie im Rezept oben beschrieben.

Knoblauchmayonnaise
Schäle die Knoblauchzehe und reibe sie fein. Gib sie in Schritt 1 dazu und rühre die Mayonnaise dann wie im Rezept ganz oben. Stell sie für 1 Stunde in den Kühlschrank, damit sich das Aroma entfalten kann.

Lorbeerblatt

Zucker

Kirschtomaten

Schwarze
Pfefferkörner

Gurke

Rosmarin

3 ×
EINGELEGTES
GEMÜSE

Mit eingelegtem Gemüse schmecken manche Gerichte (und vor allem belegte Brote) gleich viel besser. Nimm das Gemüse, das du am liebsten magst.

Zutaten:

GRUNDREZEPT:
- 200 ml Wasser
- 50 g Zucker
- 1 Prise Salz
- 200 ml Essig
- ½ EL schwarze Pfefferkörner
- 1 Lorbeerblatt

EINGELEGTE GURKEN:
- 1 × Grundrezept
- 1 Salatgurke, in dünne Scheiben geschnitten

EINGELEGTE ZWIEBELN:
- 1 × Grundrezept
- 4 Zwiebeln, geschält und in feine Ringe gehobelt

EINGELEGTE TOMATEN:
- 1 × Grundrezept
- 150 g Kirschtomaten, halbiert
- 1 Zweig Rosmarin

Du brauchst:
- Stieltopf
- Einmachgläser (Weckgläser)

Zwiebeln

Für 1 Glas à 250 Gramm

Zubereitung 10 Minuten

1 Gieße für das Grundrezept das Wasser in einen Topf. Lass es mit Zucker und Salz aufkochen, bis sich der Zucker aufgelöst hat.

2 Gib Essig, Pfefferkörner und das Lorbeerblatt dazu. Rühre einmal gut um und stell den Topf dann zum Abkühlen beiseite.

3 Gib die Gurkenscheiben, die Zwiebelringe oder die Kirschtomaten mit dem Rosmarinzweig in ein Einmachglas. Gieße die Flüssigkeit darüber.

4 Verschließe das Einmachglas und stell es über Nacht in den Kühlschrank.

5 Wenn das eingelegte Gemüse länger haltbar sein soll, musst du die Gläser keimfrei machen. Dazu die Gummiringe abnehmen und die Einmachgläser mit der Öffnung nach oben für etwa 15 Minuten bei 160 °C in den Backofen stellen. Anschließend umgedreht auf einem sauberen Küchentuch abkühlen lassen und erst dann füllen.

Rucola

Knoblauch

Pfeffer

Getrocknete
Tomaten

Salz

Oliven

3 ×
SELBST GEMACHTER
BROTAUFSTRICH

Ich mag diese Brotaufstriche, vor allem auf gerösteten Brotscheiben.

Für 1 Glas à 250 Gramm

Zubereitung 5 Minuten

Zutaten:

TOMATENAUFSTRICH
- 180 g getrocknete Tomaten
- 2 Knoblauchzehen, geschält
- 4 EL Olivenöl
- 200 ml Essig
- 1 TL italienische Kräuter

OLIVENAUFSTRICH
- 180 g grüne Oliven (ohne Stein)
- 1 Knoblauchzehe, geschält
- 4 EL Olivenöl
- 30 g Parmesan, gerieben

RUCOLAAUFSTRICH
- 180 g Rucola
- 1 Knoblauchzehe, geschält
- 4 EL Olivenöl
- 30 g Parmesan, gerieben
- Salz und Pfeffer

Du brauchst:
- Mixer oder Mörser

Gib alle Zutaten für die jeweilige Paste in den Mixer oder in den Mörser und zerkleinere sie fein. Je besser alles zerkleinert wird, desto glatter ist dein Brotaufstrich.

Parmesan

Italienische Kräuter

Schokotröpfchen

Erdbeeren

Banane

Erdnussbutter

3 ×
EISCREME

Alle mögen Eiscreme. Diese hier wird aus Bananen gemacht und ist deshalb supergesund. Davon kann ich ganz schön viel essen!

Für
1
Person

Zubereitung
10
Minuten

Zutaten:

GRUNDREZEPT
• 1 Banane

ERDNUSSBUTTEREIS
• 2 EL Erdnussbutter (grob oder fein)

SCHOKOTROPFENEIS
• 50 g Schokotröpfchen

ERDBEEREIS
• 50 g Erdbeeren, gewaschen und vom Stielansatz befreit, in Stücke geschnitten

Du brauchst:

• Mixer

1 Schäle die Banane und schneide sie in Stücke. Lege sie für einige Stunden ins Tiefkühlfach.

2 Püriere die tiefgekühlten Bananenstücke im Mixer so fein wie möglich.

3 Jetzt musst du nur noch die Zutat deiner Wahl unterrühren. Dann kannst du dir das Eis schmecken lassen.

Schon als kleines Kind habe ich angefangen zu kochen, und zu meinem siebten Geburtstag stellte mein Bruder Nino einen Film davon bei YouTube ein. Er hat mich auch hier unterstützt.

Team Shane!

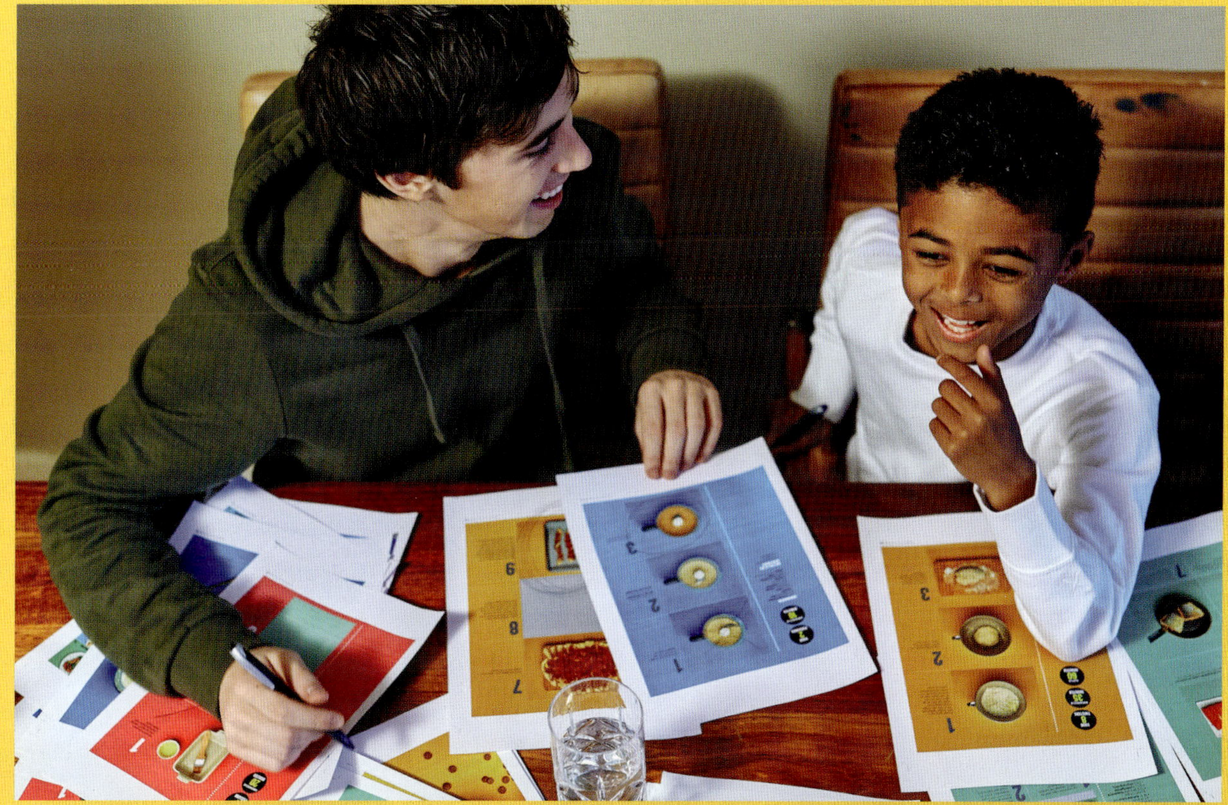

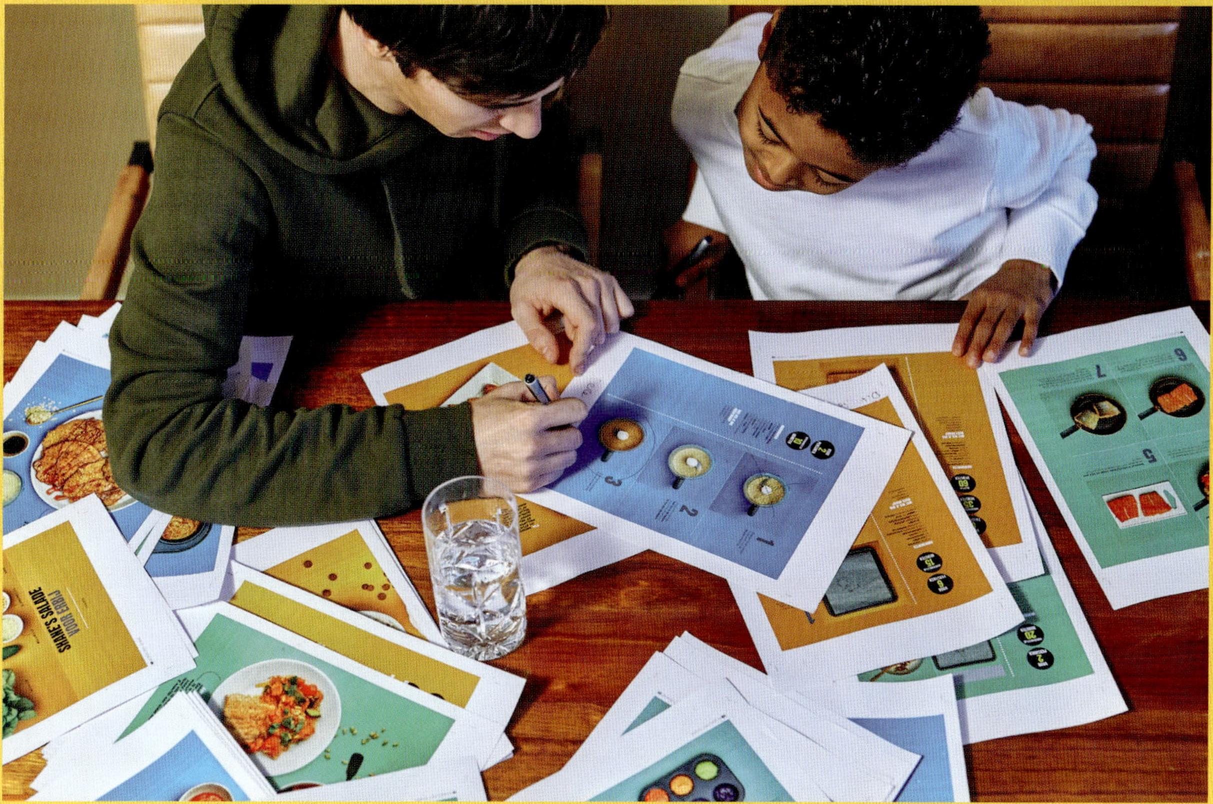

REGISTER

KLUIVERT
DOG RESCUE CENTER

Das Kluivert Dog Rescue Center (Hunderettungszentrum) ist eine Stiftung, die sich auf der niederländischen Karibikinsel Curaçao um Tiere in Not kümmert. Leider geht es vielen Tieren auf Curaçao nicht sehr gut und Tierschutz erscheint manchen nicht so wichtig.

Die Stiftung der Familie Kluivert arbeitet auf der Insel mit lokalen Tierschützern zusammen, um die schwierige Situation für die dort lebenden Tiere zu verbessern.

Vom Erlös jedes verkauften Buchs wird 1 € verwendet, um für Hunde, die auf Curaçao leben, ein groß angelegtes Schutzprogramm und Maßnahmen zur Geburtenkontrolle zu finanzieren.

www.kluivertdogrescuecenter.com

STICHTING
DierenLot